H. MAURICE DAVID

Impressions d'Italie

14 MAI - 1er JUIN 1912

✳

PRÉFACE

de Monsieur Jules SALMON

Docteur en Droit

Auditeur à l'Ecole des Hautes-Etudes

YVETOT

Léon LACHÈVRE, Imprimeur-Editeur

124, Rue du Calvaire

—

1912

A Monseigneur LANCELLE

notre sympathique et distingué Directeur

C'est à vous qu'ici

J'offre et dédie

Cet humble récit

M. D.

Yvetot, le 21 Novembre 1912.

PRÉFACE

Y a-t-il une science de voyager ? Et pourquoi non, puis-qu'il y a une science de vivre, et que la comparaison de la vie et du voyage est un lieu commun, un axiome banal à force d'être vrai, et profond comme tous les lieux communs : à la vérité, ce ne sera qu'un petit côté de cette science transcendante qui engendre et résume toutes les philosophies qui, derrière et par-delà les apparences phantasmatiques de ce monde contingent et éphémère, évoque, saisit les réalités invisibles ; qui définit le problème de la destinée humaine pour le résoudre dans l'éternité et en Dieu.

Ce ne sera qu'un fragment, une facette, un reflet, l'équivalent d'une de ces mille rides d'argent dont l'ensemble compose le sourire immense de la mer ; et cependant ce rien n'est pas si petit, ni méprisable ; il est quelque chose : prenez garde, en effet, que tout est dans tout, que des multiples modes de l'activité humaine, aucun n'est indifférent ; et si par là le goût se forme et s'épure, le jugement se rectifie, le sens esthétique s'affine, la mémoire se meuble et l'imagination s'enrichit. Vous direz avec Horace : Hœ nugœ seria ducunt.

Allons plus loin, ou, pour mieux dire, plus haut : la science, et j'entends par là l'art, science mise en pratique, de bien vivre, est une vertu, la vertu même ; et la science, ou l'art de bien voyager, en est une aussi, raccourci, diminutif de l'autre sans doute ; elle en est « la petite monnaie », ce que Saint François-de-Sales disait de la charité et de la politesse qui l'exprime en détail, qui la distribue dans les menues relations et les petits faits du train-train vulgaire et journalier ; mais de même que, dans telles circonstances, la politesse, que le bon sens comprend si heureusement dans cette expression le savoir vivre, pourra s'agrandir, s'ennoblir, et, par le sacrifice de soi-même, par le pardon des injures,

deviendra la belle, la pure, la sainte charité, ainsi, et plus
encore, le voyage, par l'essor de l'âme, par la dilatation du
cœur, par le travail de la raison appelée à juger, au cours de
tant de scènes variées, les choses, les événements, les
hommes, le voyage sera une ascension vers ces hautes cimes
que blanchit déjà l'aube du jour éternel, vers la patrie réelle
et définitive, vers le but suprême que la philosophie et la religion assignent au pèlerinage de la vie ; et vous comprendrez
que cet amusement intéresse le philosophe, le moraliste, ou
simplement, comme on disait au grand siècle, l'honnête
homme ; qu'en ayant fait un procédé d'éducation pour la jeunesse, ils aient aussi proposé cette école à l'âge qui médite,
qui agit, qui recherche le souverain bien ; et que, sur la
grande route du monde, les pas de lord Chesterfield se croisent avec ceux de Montaigne et de Platon.

Mais qu'est-ce que voyager ? Tout d'abord, cela va sans
dire, changer de lieu : le voyageur autour de sa chambre n'a
fait que nous donner, par un agréable paradoxe, le spirituel
inventaire de ses souvenirs, de la « chambre » obscure de
sa mémoire.

Mais il faut bien autre chose : il faut tout ce qui distingue
et place aux antipodes le « voyageur de commerce » et le...
(faute du mot que me refuse l'indigence de la langue, je me
sers du mot anglais, simple traduction, cependant, du nôtre)
le touriste, celui qui voyage pour voir ; et dans ce mot : voir,
que de choses ! que de perspectives il ouvre sur les horizons
de cette science exquise : car voir, ce n'est pas subir méca-
niquement, automatiquement l'effet produit sur l'appareil
spécial de notre système nerveux par les rayons que ren-
voient les objets extérieurs ; c'est regarder. Et cependant,
combien regardent et ne voient pas ! Topffer, cet incomparable maître en la science de voyager, avait, bien longtemps
avant Taine, créé la physiologie du touriste, et il en traçait
l'esquisse d'une plume alerte et d'un crayon réjouissant (il
maniait si joliment l'un et l'autre !) : le touriste perché, qui,
parti de grand matin, avise la pointe d'un roc, la traverse
d'une clôture, se perche, tire un livre de sa poche, et, le nez
dedans, gruge des paragraphes et avale des chapitres : le
touriste chevelu (c'était le plein de la période romantique),
de qui l'affaire n'est pas de contempler la belle nature, mais
que la belle nature le contemple : ces originaux ne voulant
pas voir, ne regardent pas : espèces, à la vérité, très rares ;

mais considérez « l'espèce si commune du touriste constatant : le touriste constatant est celui qui hante les galeries,
les musées, les monuments où, un itinéraire à la main, sans
presque regarder, il constate ; tant que tout est conforme, il
baille ; mais si l'itinéraire l'a trompé, il devient furieux, et on
ne sait plus qu'en faire : le cicerone se cache, l'aubergiste
l'adoucit, sa femme le plaint, et les petits chiens aboient ».
Le type est portraicturé en charge ; mais dans l'espèce si
commune qu'il représente, se coudoient les grands et les
petits, les lettrés et les ignares, les avisés et les sots : « au-
dessous de Schaffouse, le Rhin rencontre un fond plein de
gros rochers où il se rompt, et au-dessous, dans ces mêmes
rochers, il rencontre une pente d'environ deux piques de
haut, où il fait un grand sault écumant et bruiant estrange-
ment. Cela arreste le cours des bateaux et interrompt la navi-
gation de la dicte rivière » : ainsi de la chute du Rhin, scène
d'horreur sublime qu'aurait interprétée dignement le pinceau
apocalyptique de Martynn, vision dantesque gravée par
Victor Hugo en des pages qu'on dirait écrites avec le roseau
d'Isaïe ou d'Ezéchiel, voilà ce qu'en a retenu, ce qu'en dit
Montaigne : il regarde, constate ; il ne voit pas. Et cette
espèce de cécité était celle de l'époque ; on a très finement,
très justement conclu qu'alors la nature n'était pas inventée.
Et vous remarquerez que le voyage d'art et de sentiment, et le
romantisme germent, éclatent, s'épanouissent à la fois
comme deux jets de la même sève, deux floraisons de la
même tige ; et que Chateaubriand, Hugo, Dumas, les chefs
glorieux de notre Renaissance contemporaine, ont fait des
voyages, qu'ils ont voulu être des monuments de leur génie
et des manifestes de leur credo littéraire.

Platon, disions-nous, a voyagé, et Montaigne ; mais c'est
le philosophe, le moraliste ; il est perché, lui aussi, sur son
système, ou son criterium, le nez dans son livre. Tel ne sera
pas notre Anacharsis : il est, nous le voulons ainsi, un
exemplaire de l'honnête homme d'autrefois,... race, hélas !
introuvable, à peu près éteinte ; il aura en lui du philosophe
et du moraliste ; il a des clartés de tout ; il pérégrine pour
s'instruire, pour devenir plus humain, — en ce siècle barbare
qui a proscrit les humanités, — parce que nihil humani a se
alienum putat, mais aussi et surtout pour éveiller en lui et
satisfaire cet instinct créateur de la curiosité d'où procèdent
toutes les conquêtes des fils d'Adam sur le monde visible et

sur l'autre, pour voir. Or, nous le répétons, voir n'est pas l'état passif, le jeu d'une machine d'enregistrement, même de cette vitre insaisissable, à force d'être diaphane, pan d'air tissé, dont Thiers faisait la conscience de l'historien ; c'est l'action d'un organe vivant et intelligent qui recueille, élabore, s'assimile l'impression, et la rend en sentiments et en images. Et n'est-il pas étonnant qu'en notre temps de pédagogie et de scolarité, de programmes et d'aliborons, l'enseignement de cette science et de cet art de voyager, n'aient pour se réaliser que des entreprises de transport et de nomenclatures. 'Au surplus, quelle extraordinaire école ce serait, et combien éloignée de tout ce qui sent, avoisine, rappelle l'Académie, l'Université ! Topffer, bon helléniste, et maître de pension, qui s'intitulait modestement maître d'école, fermait soigneusement celle-ci quand il ouvrait l'autre, et, le grand jour des vacances ayant lui dans les Alpes de sa libre Suisse, par les grandes plaines de la Lombardie, apprenait à sa bande joyeuse pourquoi et comment il faut voyager : et pour cela, il ne voulait qu'être, parmi et avec eux, le plus enjoué, le plus simplement, franchement, naïvement amusé. Et qu'est-ce donc, sinon l'Ecole aussi ancienne, et plus encore, que celle du vieil Orbilius, la buissonnière, l'Ecole de l'âge d'or, de cet âge où « l'hydraulique, c'était de boire aux sources ; la grammaire, c'était de parler patois ; l'algèbre, c'était de nombrer sur ses doigts ; l'astronomie, c'était d'admirer le soleil et de compter les lunes ; la mécanique, c'était de charger des gerbes sur ses épaules, et la botanique, de se couronner de fleurs. La physique, la chimie, l'archéologie, la numismatique, la paléographie, la dialectique, la politique, la rhétorique, la tactique, la plastique, la thérapeutique, l'apologétique, la linguistique, la critique, le classique, le romantique, les bitumes et les chemins de fer, c'était de tondre les moutons, de tisser la laine, de marcher devant soi, de s'asseoir à l'ombre, d'attendre les saisons, de laisser courir les rivières, d'adorer le bon Dieu, et de mourir de vieillesse après avoir vécu paisibles au sein d'une prairie ou sur la lisière d'un bois » (1).

Donc, pas de Pédagogie pour cette science faite de libre allure et de fantaisie, « Gaie science », apparentée à celle des

(1) *Premiers voyages en zig-zag* ou *Excursions d'un Pensionnat en vacances*, par R. Topffer. Paris, 1868, p. 234.

troubadours et des minnæsenger, ces poètes errants, des voyageurs eux aussi : le mot seul est odieux, comme la grille d'une geôle devant un rayon de soleil, comme une férule sur le tissu d'ailes de papillons où la reine Mab a taillé sa robe de bal : pour être savant, — comme pour être sauvé, — la bonne volonté suffit, et j'entends par là cette heureuse disposition de l'âme qui s'ouvre, se livre, se donne à la grande communion de la nature.

Point de Pédagogue ! Mais, si vous avez la bonne fortune de le rencontrer, un compagnon aimable et disert, discret et obligeant, qui, ayant déjà exploré la route et tracé le chemin, vous conseille et vous éclaire et vous donne à choisir, au hasard d'une conversation familière et instructive, tout ce qui vous plaira dans son attrayant butin, fleurs et fruits, souvenirs, notes, émotions, précieuse récolte prélevée sur les pays parcourus, acquisitions d'une expérience qui deviendra la vôtre. Eh bien ! si vous commencez votre cours d'études par l'Italie, — quoi ! vous écriez-vous, ce « lieu plus célèbre, plus visité, plus examiné, plus vanté, plus décrit, plus lu, plus chanté » que le parc de Versailles, encore tout maussade, tout marri de la boutade que lui a lancée Alfred de Musset ! — souvenez-vous, je vous prie, de notre aphorisme : le pittoresque n'est pas dans les choses, mais dans ce qu'on y met ; considérez que le même paysage, reproduit par dix peintres, fait dix tableaux différents ; et dites-vous bien qu'après la promenade légère et brillante comme un pas de danse, du sceptique et caustique président de Brosses, après l'enquête archéologique du bon abbé Barthélemy, après le sillon lumineux de Théophile Gautier, de Taine, de Bourget, après tant de voyageurs — ils sont trop ! — qui aujourd'hui, tous les jours, découvrent l'Italie et la mettent sous presse, « le beau pays » (1) recèle encore pour vous une région toute neuve, inconnue : quoi donc ? tout ce que ces merveilles vous auront révélé de vous-même, toutes les autres merveilles qu'elles vont susciter dans votre sensibilité, dans votre intelligence, dans votre cœur. — Vous voyagerez donc en Italie et la bonne fortune dont je vous faisais fête tout à l'heure, voici qu'elle vient à vous dans le livre que vous offre M. Maurice David.

M. Maurice David est un jeune : il est riche de ce patri-

(1) On sait que Garibaldi appelait emphatiquement l'Italie « le beau pays ».

moine d'années qui est un inestimable trésor pour qui sait le
mettre en valeur, et ce qu'il en a déjà tiré nous est une heureuse promesse, une séduisante garantie de ce qu'il nous
réserve pour l'avenir : il est un bénédictin (il me saura gré
de ce qualificatif) de notre architecture religieuse ; épris de
sa belle province, où la fleur rayonnante du gothique a jeté
vers le ciel ses plus prodigieux, ses plus prestigieux
« cantiques de pierre » (1), il commence l'inventaire de\ces
richesses avec la sagacité patiente d'un érudit et la pieuse
ferveur d'un enthousiaste ; et voilà qu'il a déjà fixé et exprimé
ses premiers travaux en des publications qui ont sollicité et
retenu l'attention du public, je veux dire des savants, et de
ceux qui, sans prétendre à aucun titre, savent admirer et comprendre. Laissez-le donc vous emmener en Italie : il pourrait
tirer pour vous de l'oubli cet Enrico da Camodia, ou Zamodia,
ou Heinrich von Gmunden, qui fut le premier dans la série
chronologique, des architectes du dôme de Milan : il pourrait
comparer les coupoles de Brunelleschi et de Michel-Ange avec
celle d'Isidore de Milet et d'Anthémius de Tralles, et, dans ce
conflit de grandeurs, vous montrer la prééminence des architectes dont l'étonnante audace éleva, non sur l'octogone, mais
sur le carré, la coupole de Sainte-Sophie ; il pourrait, je ne
dis pas déchiffrer, mais retrouver l'inscription cabalistique
incrustée par ce prêtre magicien dans le pavé de mosaïque de
la basilique Saint-Marc, bossué — j'ai vérifié en ce point
l'exactitude de Taine, — comme le sol de l'îlot où les Vénètes
primitifs trainaient leurs filets ; il pourrait... Rassurez-vous :
ce docte n'est pas un pédant : ce qu'il a voulu faire et ce qu'il
a fait, c'est noter et vous rendre d'un trait net, précis, lumineux, ce qui l'a étonné, émerveillé, charmé, touché dans ce
pèlerinage de Rome, dans ce voyage dont les « zigzags »
ordonnés, calculés par une direction providentielle, ont encer-
clé, enguirlandé d'un itinéraire enchanteur notre prosterne-
ment — car j'en étais, quorum pars parva fui, — devant
l'éternelle pierre de l'angle, trait d'union entre la terre et le
ciel ; — il abrège, en quatre-vingts pages, d'ailleurs, abrégé
d'un volume appréciable — parce que le pèlerin moderne,
emporté par la vapeur, va vite, mais surtout parce qu'il écrit
suivant la formule de Montesquieu ; il voit de haut et de loin ;
et il a le talent de saisir un ensemble ; mais il sait aussi voir

(1) Belle expression de Théophile Gautier pour désigner les
cathédrales gothiques.

et dessiner le détail qui colore, égaie, anime cet ensemble.
Sainte-Marie-des-Fleurs, opulente et sereine avec le dôme
byzantin dont l'a couronnée Brunelleschi, et le merveilleux
campanile que Giotto lui a taillé pour sceptre dans le marbre
polychrome, ne dérobent pas à notre pèlerin le podere toscan
dont la tuile éclate, comme le lys rouge du blason florentin,
dans les treilles où se croisent les pampres et les citronniers ;
et la contemplation de la « montagne ronde que le souffle de
Michel-Ange éleva dans les airs, cette huitième colline ajoutée
par la religion à la ville de Romulus » (1), ne le laisse pas
indifférent à la nuée sombre que les grands pins font flotter
sur la marqueterie de marbres, de fleurs et de gazon du
Pincio. Il apprend par lui-même ; et puis, si vous voulez bien
le suivre — et comment résister à l'engageante invitation ? —
il vous apprendra à sentir, à jouir, à vous émouvoir, à vous
enthousiasmer, à raconter comme lui. Et puis, vous voyagerez ; à l'interminable, indéfinie collection des voyages d'Italie,
vous ajouterez quelque chose : par exemple, vous regretterez
les statues antiques arrachées à notre Villa Médicis et piètre-
ment remplacées par des moulages. Vous vous indignerez
bien plus encore de la même profanation infligée au mausolée
d'Adrien, et vous chercherez aux Offices de Florence, le
Fauve dansant, dont le frère, le Fauve de Barberini, arraché
comme lui à la magnifique décoration du tombeau impérial,
est à Munich. Ou bien vous réussirez peut-être à découvrir,
à Gaëte, le corps de Charles de Bourbon, traître à la France
et jugé par Bayard mourant, du formidable condottière, soldé
par Charles-Quint, pour saccager la Ville Éternelle : le duc de
Guise, — celui que les Dames de la cour de Louis XIV appe-
laient le héros de la fable, l'associant dans leur admiration
avec le Roi, le héros de l'histoire, — captif des Espagnols
après son extraordinaire expédition de Naples, a vu la dé-
pouille de cet autre illustre aventurier « en sortant du château de Gayette, écrit-il à la fin de ses non moins extraordi-
naires Mémoires, l'on me fit voir le corps de Charles de
Bourbon, qui est debout dans une quaisse vis-à-vis de la Chapelle, appuyé sur un bâton de commandement, avec son cha-
peau sur la tête, botté et revestu d'une casaque de velours
vert avec du galon d'or ; il est fort bien conservé. Il estoit de

(1) Méry, dans son ouvrage *Saint-Pierre de Rome*, consacré à
la Basilique.

fort belle taille, et des plus grands hommes de son temps ;
l'on remarque tous les traits de son visage, et il paroist d'une
mine fort fière, et telle que la pouvoit avoir un homme d'aussi
grand mérite... » Ou bien vous rapporterez de là-bas — et
n'est-ce pas l'ambition de quiconque, Bourget, Peladan, vous
ou moi, pénètre, se perd dans ce sanctuaire, dans cette crypte
auguste où les siècles ont lentement accumulé les trésors du
génie, — le chef-d'œuvre, le vrai, celui dont la révélation nous
était destinée : et tenez, pour vous épargner la peine de la
recherche et vous donner le mérite de l'invention, je vous
dirai tout bas, — et je ne le dis qu'à vous, — que je l'ai trouvé:
c'est, à Bologne, dans la basilique San Stefano, le martyre
de Saint-Sébastien, du Francia... ! Mais, devant quelqu'un des
mille tableaux que la fée des voyages déploiera à vos yeux et
à votre imagination, depuis le Simmenthal, tout à la fois riant
et sévère et ses amphithéâtres étagés en gradins de gazons
et de neiges, jusqu'au radieux mirage de Naples flottant dans
l'azur de son ciel et de son golfe, depuis le gigantesque
pilastre rose du Campanile qui renaît de sa brève ruine et
fait planer sur les lagunes le lion de Saint-Marc et « le
triomphe de Venise » (1) jusqu'au Campo Santo, la ville des
morts, posant ses terrasses et ses verdures sur la montagne
où Gênes s'assied superbement pour baigner dans la mer ses
pieds de marbre, vous vous surprendrez peut-être à désirer,
à nommer le compagnon, l'ami qui, pour nous, a recueilli ces
souvenirs de pèlerinage... C'était là son but, et, sans être
prophète, ni fils de prophète, je lui prédis le succès.

Pèlerins, disais-je, non seulement d'art, mais de foi. C'est
de toutes les manières de voyager, celle que je préfère et vous
conseille, avec le conseil et le souhait de vous confier, comme
nous le fîmes, à une Providence visible, souriante et affec-
tueuse, à l'éminent Prélat qui nous dispensa les bienfaits
d'une sollicitude paternelle et d'une intelligente administra-
tion, dont parfois aussi, en des moments solennels la pensée
initiatrice et la parole entraînante nous apprenait, — il vous
l'apprendra aussi, — à reconnaître, à bénir, sous l'aspect des
magnificences terrestres, l'Auteur de toutes choses et de nos
âmes, le Père que nous avons dans les cieux. « Eh ! c'est de

(1) Dans les Palais des Doges, à Venise, au plafond de la Salle
du Grand Conseil, *Le Triomphe de Venise,* chef-d'œuvre de Véronèse, est la merveille de cette merveilleuse décoration.

la dialectique, c'est la méthode de Platon ». Oui, sans doute, mais c'est aussi de l'excellente théologie, et, pour terminer l'entretien, je reviens à l'idée que je formulais en commençant et qui le résume : elle est celle dont le savant et sage Bellarmin a fait le sujet de son traité de ascensione mentis in Deum per scalas rerum creatarum, ce que je traduis : se faire de la nature une échelle pour monter jusqu'à Dieu.

Paris, 24 Août 1912.

JULES SALMON,
Docteur en Droit,
Auditeur à l'Ecole des Hautes Etudes.

AVANT-PROPOS

A mes chers compagnons de voyage.

Un beau souvenir est une chose précieuse que l'on doit s'attacher à garder vivante en ses moindres détails.

Qui n'a songé, au moins une fois en sa vie, à un voyage en Italie ? Qui de nous, dans ses années de jeunesse, alors qu'il établissait ses plans d'avenir et prévoyait de courts répits au milieu d'occupations sérieuses, n'a fixé parmi les premières excursions qu'il désirait accomplir, un tour au-delà des Alpes, dans le pays du soleil, dans cette contrée heureuse où les souvenirs de l'ancien temps se mêlent, se confondent avec ceux des époques moins lointaines pour donner un éclat plus grand aux traditions de l'histoire et de l'art.

Pour nous qui avons eu cette joie de parcourir en pèlerin et en touriste ce pays plein de lumière, chanté sous des formes variées par les poètes épris des beautés de leur ciel, depuis « Virgile, faisant pleurer les choses attendries », jusqu'à Lord Byron, venant y chercher un soulagement pour son cœur plein d'amertume, le moment peut-il paraître venu de fixer d'une manière plus sûre et plus complète, les merveilleuses images dont notre sensibilité s'enrichit, le printemps dernier, au pays du soleil. C'est dans une lumière éclatante et pourtant très douce, cordiale, mais teintée de noblesse, souriante ensemble et émouvante, que nous apparaissent de loin ces journées si pleines et si savoureuses. Elles nous offrirent de majestueux spectacles qui nous imposèrent souvent de très hautes impressions.

CHAPITRE PREMIER

VERS L'ITALIE PAR LA SUISSE

Nous avons passé la frontière. Nous sommes maintenant en Suisse. Ce ne sera désormais que prestigieux défilés de montagnes recouvertes de neige surplombant des lacs azurés.

Sortis de Berne, nous longeons les bords du beau lac de Thoune, la préface de l'Oberland, d'où nous pouvons distinguer la Jungfrau et Interlaken, pour ensuite par un chemin de fer à crémaillère gravir la ligne hardie des défilés pittoresques du Zweisimmen-Montreux qui domine les vallées du Simmenthal et de la Sarine, et traverser la région qui sépare le lac de Thoune du lac Léman et arriver ainsi à Montreux qui s'étend en amphithéâtre au bord d'un des plus beaux lacs de la Suisse au pied de hautes montagnes qui l'abritent complètement contre les vents du Nord. La vue est superbe ; de quelque côté que le regard se tourne, ce ne sont que coteaux verdoyants, chaînes de montagnes boisées pour la plupart, immense lac aux magnifiques couleurs. Que dire des environs que nous traversons ensuite : forêts de sapins, frais vallons, belvédères uniques au monde, collines environnantes recouvertes de fleurs magnifiques, narcisses répandues à profusion au point que les champs en sont littéralement blanchis. Puis, c'est le lac Léman, lac à demi-français, qui n'est qu'un épanouissement du Rhône, fleuve rapide et sauvage, limoneux, dévastateur, qui y roule les neiges fondues des Alpes Valaisannes et Vaudoises ; dans ce bassin elles se calment, s'azurent.

Du bourg de Villeneuve, placé près des tours romantiques de Chillon, sur une longueur de dix-huit lieues, le lac décrit un croissant « qui semble être de turquoise pâle jeté par Dieu au pied des grandes Alpes. »

La Suisse, si riche en beaux lacs, n'en a pas un aussi ruisselant de soleil et de vie : dans le miroir de ses eaux se fondent les oppositions de ses rives, pour composer un tableau d'une séduisante harmonie. Elles sont à la fois majestueuses et douces, sévères et riantes. Le fond de la scène est occupé par les hauts pics de la chaîne savoyarde, accumulation de tours de glace, de dômes neigeux, d'arêtes noires, de dents âpres et sourcilleuses, qui font cortège au dominateur des Alpes. Au-dessous de cette région morne et fatale à toute vie, séjour des tempêtes, assiégée de mouvantes vapeurs, s'étend la zone des forêts et des pâturages, semée de châlets, peuplée, l'été, de nombreux troupeaux, dont la paisible sonnerie résonne d'Alpe en Alpe. Plus bas, à la racine des Alpes, le sol descend par de molles flexions vers la rive du lac. Toute cette côte ensoleillée est tournée vers le Sud et abritée des vents froids par l'épais écran de la dent de Jaman, des rochers de Naye (2.045 mètres), avant-coureur des grands massifs du Valais qui jaillissent dans l'azur, crêtés de neiges éternelles, drapés à demi dans les plis vaporeux d'une écharpe de brouillard que le soleil, de minute en minute, effiloche. A leurs pieds, le pittoresque château de Chillon, riche des souvenirs de l'histoire et de la poésie, plonge les épaisses murailles de ses souterrains, greffés sur le roc en pleine eau vive.

Le soir arrive. On laisse à regret ces coins charmants de la Suisse pour pénétrer sous les masses de granit du Simplon où le chemin de fer se lance avec témérité dans les longs tunnels noirs pour reparaître de l'autre côté de la montagne, saluant le jour d'un puissant jet de fumée blanche. A la sortie du grand tunnel, on se trouve dans le Val di Vedro arrosé par la sauvage Doveria. Inclinant à gauche, au-dessus d'un petit torrent, on atteint le petit village d'Iselle. Nous sommes en Italie. L'aspect du pays change. Ici plus de noirs sapins, plus de sombres mélèzes, mais partout de frais châtaigniers, des noyers majestueux mariant leur verdure à celle des prairies, plus d'âpres rochers aux formes fantastiques et sinistres et brisés par des torrents dévastateurs, mais des collines fleuries d'où s'échappent de vives cascatelles où se baignent les rayons

du soleil d'Italie. Mais, telle que l'illusion d'un rêve
d'amour, la scène charmante du vallon d'Iselle disparaît
tout à coup et fait place aux plus terribles enchantements,
le spectre de la Doveria un moment conjuré reprend son
effrayante dévastation. Dépouillés de toute verdure, les
roches s'élancent vers le ciel comme de muettes impréca-
tions de la nature. Enfin le cours paisible de la Cherasca
remplace les fureurs de la Doveria. Cependant, des parapets
de son pont de pierre d'une blancheur éclatante, on salue
enfin la vigne suspendue aux rameaux de l'érable et
drapant au-dessus des prairies ses festons embaumés.

Bientôt l'implacable Doveria reparaît, rapportant avec
elle les périls, les menaces et l'effroi. Par une magique et
heureuse métaphore, nous ne reverrons plus la Doveria,
car la furie du Gondo, sous le nom de La Toccia, s'est
changée en nymphe d'Italie et vient tout charmer sur son
passage. La route continue de serpenter avec grâce sur la
droite, se dirigeant vers le beau pont qui l'unit à celle de
Domodossola, et embrassant de sa souplesse un coteau
couvert de jardins, de maisons, de cabanes rustiques.
A gauche, la route est suspendue au-dessus d'une vallée
où serpente une belle rivière qui communique sa fraîcheur
féconde à de vastes prairies, coupées d'arbres chargés de
fleurs et de fruits, et parées de ces beaux peupliers à qui
l'Italie a donné son nom. Au fond du tableau, d'élégantes
collines laissent voir d'élégants casins au travers de leurs
plantations.

Nous arrivons à Crevola où commence pour ne plus
vous quitter le jardin de la Haute Italie qui mène à sa
capitale.

Ce jardin, c'est la vallée de Domodossola. Un pont de
six arches annonce cette jolie ville. En y entrant, vous
foulez une poussière de marbre, et vous savez que vous êtes
dans la patrie des arts. Votre enchantement ne doit plus
finir. Voyez : les eaux limpides de La Toccia coulent dou-
cement au milieu des fleurs ; elle baigne à droite les coteaux
riants de la Villa, bâtie comme une maison de plaisance
dont elle porte le nom. A Feriolo, vous attend une autre
surprise : un beau bassin de deux lieues et demie de longueur sur une demi-lieue de large, s'élève sous vos yeux
à plus de six cents pieds au-dessus de la mer. Ce bassin
si limpide, si frais, si gracieux par l'éclat de sa surface,

par le paysage qu'il anime, par la forme de son rivage, c'est le Lac Majeur, le rival du lac des Quatre-Cantons (Lucerne) et du lac de Côme, celui-ci plus pittoresque, celui-là plus sévère ; les beautés qu'il renferme répondent à celles qui l'entourent. Sa rive occidentale se creuse au centre en un golfe profond, où apparaissent comme trois grâces de l'Onde, les Iles Borromées d'où surgissent de magnifiques villas aux terrasses d'orangers et de citronniers, aux jardins de marbre, à base de granit. On côtoie le lac de Baveno à Stresa avec les enchantements de ce beau paysage ; ils vous conduisent jusqu'à la jolie ville d'Arona, patrie de Saint Charles Borromée, cardinal et archevêque de Milan. Pour conserver et offrir de loin aux premiers regards du voyageur l'image de ce vénérable prince de l'Eglise, la piété des Milanais lui a élevé une statue colossale au sommet du monticule qui domine le lieu de sa naissance.

Jetant un dernier regard sur la haute chaîne des Alpes, contemplant une dernière fois les immenses remparts de la Suisse et de l'Italie, on se trouve rapidement entraîné sur la route de Milan, pendant que l'esprit partage encore son admiration entre les ineffables beautés de la nature qui vous ont saisi depuis le lac de Genève et les ineffables merveilles des galeries du Simplon qui vous ont conduit au lac des Borromées.

CHAPITRE DEUXIEME

EN ITALIE

Milan, la ville de granit

Nous voilà donc en Italie ! en Italie ! dans ce pays tant rêvé, tant désiré, tant aimé d'avance ! le cœur nous battait, et il nous semblait que toutes les minutes allaient être empreintes de joies et de délices.

Il était sept heures du soir lorsque nous arrivions ; la brise commençait à souffler, le soleil, déjà couché, dorait encore la moitié du ciel ; toutes les fenêtres étaient ouvertes, les stores roses qui servent de jalousies, levés et tendus, ressemblaient à des auvents qui dominaient les balcons recouverts de caisses de fleurs. Tel fut le premier spectacle qu'il nous fut donné de contempler, en parcourant les rues de cette grande et belle ville, active et bruyante, à l'allure toute moderne.

Le lendemain dès le matin, nous nous dirigions vers la Piazza del Duomo. Grand Dieu ! Quel spectacle ! Quelle impression de stupeur ! L'Eglise entière vue ainsi sous un ciel étincelant semblait une cristallisation colossale et magnifique, tant sa forêt d'aiguilles, ses entrelacements de nervures, sa population de statues, sa guipure de marbre fouillé, creusé, brodé, montait multiple et innombrable, découpant ses blancheurs sur le ciel bleu.

Le dôme, de style gothique, du gothique du Nord, construit en forme de croix, a cinq nefs et un transept à trois nefs. A son intérieur, et pour donner quelques chiffres qui fassent comprendre la grandeur de ses constructions, il mesure 145 mètres de long sur 57 mètres de large. La nef du milieu a 17 mètres de large et 48 mètres de haut. Cinquante-deux colonnes de marbre, auxquelles tient lieu de chapiteau une couronne de niches garnies de statues, supportent les voûtes à ogives des cinq nefs.

L'impression que l'on ressent à l'intérieur est toute différente de celle éprouvée à l'extérieur. Il y a une étonnante hardiesse de lignes dans l'enlevé du vaisseau central et des bas-côtés, dans la profondeur de l'abside ; on s'arrête stupéfait dans cet enchevêtrement de sculptures qui font de la voûte une dentelle ; on est saisi de l'élancement des piliers qui soutiennent ce monde de pierres. De ce tout où pénètre largement une lumière douce, atténuée par les vitraux, se dégage un vrai sentiment religieux, le sentiment de l'infini, l'âme plane calme, sans crainte, dans cette maison de Dieu que l'on sent élevée par une foi mystique sans sécheresse.

Dans le transept de droite, on vous offre — moyennant vingt-cinq centimes — un billet donnant accès sur le toit et dans le clocher ; on n'a garde de le refuser, la première fois du moins, car le souvenir de cette rude montée de 494 degrés — c'est le chiffre exact — vous retient ensuite le plus souvent en bas. On grimpe dans l'épaisseur des murs, puis on débouche en pleine lumière sur un vaste toit à peine incliné, formé de dalles de marbre. Au-dessus de votre tête passent les longs et fins arceaux qui soutiennent le corps principal de l'Eglise, bien plus élevé encore. Une haute balustrade dentelée, ciselée dans ce même marbre dont le blanc cru vous froisse les yeux, vous sépare du vide. On monte ensuite vers la tour ; les gradins sont si bas que c'est plutôt pendant quelque temps un plan incliné des plus aisés à gravir en contemplant les milliers de statues réunies sur les flancs et sur les toits du Dôme ; on en voit de tous les âges, quelques-unes même sont modernes. Il y a de tout sur ce toit : des saints et des saintes, des bêtes de l'Apocalypse ouvrant des gueules énormes qui servent de gargouilles, un jardin botanique, en marbre bien entendu, tout n'est-il pas en marbre ? On est émerveillé, mais aussi un peu fatigué déjà, cependant il vous reste 150 marches à franchir, et celles-là, raides et étroites. Mais une fois au sommet de la tour, que surmonte encore la statue de la Vierge, on oublie sa peine ; l'étrange spectacle qu'on a au-dessous de soi vaudrait à lui seul l'ascension ; on est à 108 mètres du sol, on domine l'Eglise, on plane sur ce monde de pignons, de clochetons, d'arcs-boutants ; on est ébahi de ce phénoménal enchevêtrement de lignes et de pointes de pierre. Ensuite, on regarde curieusement la ville perdue à ses pieds et, étendant le regard, on embrasse, si le temps est clair, un admirable panorama. On aperçoit les plaines cultivées de la Lombardie qui paraissent, sous l'azur des cieux, un océan de verdure, l'œil découvre à la fois les Alpes et les Apennins, et cet immense horizon est comme une apparition nouvelle et superbe de l'Italie.

Le temps très limité en raison des autres excursions ne nous a point permis de nous rendre compte de ce que cette antique cité peut encore offrir à l'observateur attentif de spécimens d'art d'autant plus intéressants à étudier qu'ils présentent une chaîne non interrompue depuis les premiers siècles jusqu'à nos jours.

CHAPITRE TROISIEME

DE LA LOMBARDIE EN VÉNÉTIE

Venise

———+———

Le soleil dore encore de ses feux l'immense guipure d'argent du dôme de Milan que déjà s'offrent à nos regards les sites charmants des bords du Lac de Garde, magnifique nappe bleue qui s'allonge vers le Nord, coupée vers la rive même que l'on côtoie par la presqu'île de Sermione. Ce premier coup d'œil, cette perspective lointaine, la couleur de l'eau, les tons chauds des rives de sable de la rive orientale, les voiles rouges et blanches des barques se perdant au loin, se jouant sous le soleil comme des oiseaux légers balancés par le vent, tout cet ensemble enfin, si le soleil frappe de ses rayons cette immense étendue, forme un admirable spectacle. Le chemin de fer qui ne comprend guère la poésie que renferme un beau paysage s'occupe peu malheureusement de vous laisser contempler à l'aise ce vaste et clair panorama, et bientôt un monticule de terre vous cache cette belle vue avec brutalité. La toile est brusquement tombée sur le plus beau décor.

Mais il reste la ressource de passer un peu plus loin à Peschiera. Là, on n'a garde d'oublier la part que prit l'armée sarde dans ce village, à la bataille de Solférino, situé plus loin sur la droite.

C'est, en effet, entre le lac de Garde et la route de Brescia à Mantoue que se livrèrent, en 1859, entre les Autrichiens et les Français alliés aux Italiens, les durs combats auxquels devait mettre fin la paix de Villafranca, ce vieux château situé sur la ligne de Vérone à Mantoue. C'est dans

un de ces fonds si frais et si chauds à l'œil : frais de la
belle verdure un peu sombre des oliviers sur laquelle se
détachent les mûriers et les pampres des vignes, chauds des
sables de la rive, des maisons blanchissant crûment sous
le soleil, que s'étale paresseusement sur les bords du
Mincio, à la sortie du lac, la charmante cité de Peschiera.
Tandis que des villes à l'aspect gai et propre se dissimulent
entre les arbres jusqu'à la presqu'île de l'autre côté, les
mêmes habitations de plaisance, les mêmes bosquets d'oliviers et d'orangers bordent la route qui conduit à Desen-
zano. La course rapide que nous venons de fournir à travers
la plaine lombarde nous met à Vérone, où le chemin de fer
vient de nous conduire en une heure à peine, en quittant
Peschiera, qui se trouve faire partie ainsi de la Vénétie.

Quelle chose étrange ! Un souvenir poétique peut faire
plus pour établir le renom d'une ville, pour attirer sur elle
l'attention du monde entier que l'histoire même de ses
luttes et de ses monuments ! N'est-ce pas vrai pour Vérone ?
A combien de gens son nom n'est-il pas appris par l'amou-
reuse aventure de Roméo et de Juliette ! Vérone ! Mais,
hélas ! nous ne faisons qu'y passer pour brûler les stations
de Vicence et de Padoue, quitte à revenir un peu plus tard
dans cette dernière ville.

Venezia la bella

Regina del mare ei sorella della luna

Tous les littérateurs, tous les poètes ont célébré la
beauté et le charme de cette féérique cité du rêve construite
« comme un nid d'oiseaux de mer » sur une lagune de
l'Adriatique dont elle est la reine, beaucoup ont donné des
détails intéressants sur les mœurs et coutumes des Vénitiens. Qui n'a vécu à Venise par le rêve ? Qui n'a enfermé
une heure de sa vie entre les frêles parois d'une gondole ?
A cette question, je répondrai par le récit de mes impressions.

Ayant laissé Padoue l'après-midi, nous avions à peine
dépassé la station de Mestre, que, penchés à la portière, les
yeux plongeant à l'horizon, nous attendions anxieusement

de voir la mer, car, la mer, il nous semblait que c'était déjà
Venise. L'aspect de la campagne ne tarda pas à se modifier.
On arrivait aux lagunes. Des flaques d'eau de plus en plus
larges mangeaient le sol, des sortes de canaux courant en
tous sens se reliaient les uns aux autres, l'eau empiétait
de plus en plus sur les terres noires, cassées en grosses
mottes garnies d'un court gazon, enfin ce fut bientôt une
seule masse d'eau coupée seulement par des remblais en
terre, des touffes d'herbe, et ensuite dans l'espace, de l'eau,
rien que de l'eau miroitant sous le soleil et clapotant autour
de chaque arche du pont du chemin de fer.

Le train s'était engagé sur cet immense pont de pierre
aux centaines d'arches qui relie Venise à la terre ferme.
Une œuvre d'art d'une suprême puissance que ce pont !
Nous roulions dès lors en pleine eau, une eau verte, un
peu sombre, avec, par places, de larges reflets clairs dans
les endroits moins profonds. De hauts pilotis fichés en
mer en une longue ligne qui se perdait au loin, indiquaient
aux barques le chemin à suivre pour éviter les bas-fonds.
On eût dit des sentinelles veillant à leur passage. Quelques
barques aux deux extrémités recourbées, des gondoles
larges et massives se dirigeaient vers la terre en quête d'un
chargement ; d'autres, arrêtées, contenaient des pêcheurs,
enfin quelques voiles rouges, de ce rouge jaunâtre si particulier, se gonflaient au loin sous la brise venant du large.
A droite, on voyait l'eau s'étendre presque à perte de vue.
Sur la gauche, on distinguait des massifs d'arbres et une
longue ligne verte bornant l'horizon. Tout près du chemin
de fer, en arrière de nous déjà, une île verdoyante dissi-
mulant sous ses remblais gazonnés un fort protégeant la
côte.

A peine sorti du wagon, on se trouve sur le large
trottoir qui borde le grand canal. A nos pieds grouillent
les gondoles qui se choquent, se poussent afin d'approcher
des escaliers de pierre. C'est une animation incroyable et
toute nouvelle, un spectacle qui vaut qu'on le regarde.
A gauche et à droite, au-dessus d'un long mur, des jardins
paraissent, ceux du palais Papadopoli. A côté de vous, se
dresse le portique de l'Eglise des Scalzi.

On a hâte de visiter cette ville qui s'annonce de façon
si particulière. On s'éloigne. Autour de vous passent et
repassent les gondoles fines et légères, les grandes barques

lourdes et plates transportant des marchandises. Au coude
du canal, nous apercevons le Rialto flanqué de ses deux
grands palais, les Tedeschi.

On a dépassé déjà le Pondo dei Tarchi et le Palazzo
Vendramin. On file sous le pont. Les riches et majestueux
palais deviennent plus nombreux. A un détour enfin, on
aperçoit l'horizon, un quai se prolongeant sur la gauche à
l'infini, quelques silhouettes de grands navires, et, sur la
droite, pointant vers le ciel, le dôme de la Salute, là tout
à l'extrémité du canal.

A peine débarqué, on se rend sur la Piazza San-Marco.
La place Saint-Marc est le cœur de Venise. Elle produit un
effet magique sous ce ciel d'un merveilleux azur qui sem-
blerait, la nuit, au-dessus de la place éclairée « un dôme
de velours noir inscrusté de clous d'argent » (Taine).
Devant vous, derrière vous, du marbre ; à droite, à gauche,
du marbre encore ; sous vos pieds, toujours du marbre...
C'est un éblouissement dont aucune description ne peut
donner l'idée. D'un seul coup d'œil, on embrasse cet ensemble unique au monde des hauts bâtiments sombres des
Procuraties encadrant le carré long de cette admirable
place bordée de portiques et de palais, allongeant en carré
sa forêt de colonnes, ses chapiteaux corinthiens, ses statues,
l'ordonnance noble et variée de ses formes classiques. A son
extrémité, demi-gothique et demi-byzantine, s'élève la basilique sous ses dômes bulbeux et ses clochers aigus, avec
ses arcades festonnées de figurines, ses porches couturés
de colonnettes, ses voûtes lambrissées de mosaïques, ses
pavés incrustés de marbre, ses coupoles scintillantes d'or
sous le soleil, précédé du nouveau Campanille, énorme tour
carrée, disgracieuse.

On ne peut séparer de la place le souvenir des pigeons
de Saint-Marc. Jamais volatiles n'ont été aussi choyés et
idolâtrés.

L'Italie du moyen âge n'offre pas de plus magnifique
et de plus pittoresque édifice que l'Eglise Saint-Marc.
Aucune église européenne ne peut rivaliser avec cette cathédrale au point de vue de la richesse des ornements. Au-de-
dans comme au-dehors, c'est une merveilleuse confusion
de marbres précieux, de mosaïques, d'or et de bronze. Cette
basilique n'est bâtie que des fragments arrachés aux civi-

lisations de tous les pays du monde. Le style a tous les caractères de l'architecture byzantine, avec le narthex usuel, disposé au front d'une façade percée de cinq grandes baies. L'ensemble de l'édifice forme une croix grecque, la nef centrale supportant un dôme et des coupoles qui s'élèvent au point de rencontre des quatre divisions de la croix. Une double rangée de piliers orne la façade, et le portique central est surmonté d'un groupe formé par quatre chevaux de bronze. La richesse de la décoration est accentuée par le choix des matériaux : marbres grecs, porphyre, jaspe. A l'intérieur, de magnifiques mosaïques décorent les voûtes et les chapelles, les couvrant d'une joaillerie architecturale absolument éblouissante. Les bronzes, les sculptures, les tombeaux, les reliquaires, les candélabres, dont chacun est un chef-d'œuvre de sculpture ou de ciselure sont si nombreux qu'il est impossible d'imaginer un sanctuaire plus somptueux ni plus glorieux.

Le chœur est séparé de la nef par un riche écran byzantin surmonté de statues de marbre. Il renferme quelques bas-reliefs en bronze de Sansovino, qui cisela également la magnifique porte de la Sacristie. Les trois portes de l'Ouest sont en bronze, incrusté de figures d'argent. La porte médiane est divisée en quarante-huit compartiments.

Un des ornements les plus remarquables de l'Eglise est le pavement, véritable marqueterie de marbre d'une admirable beauté, qui dénote une étonnante habileté artistique et dont les dessins sont d'une richesse, d'un éclat insurpassables. Saint-Marc est avec le Palais des Doges ou palais ducal le principal monument qui résume Venise tout entière.

Le Palais des Doges, nous voyons en lui le type de la véritable architecture vénitienne, gothique ou italo-arabe. Sa façade provoque quelques réserves, mais la beauté de l'intérieur réunit tous les suffrages. Dès qu'on a passé la Porta della Corta, enrichie de sculptures, et qu'on se trouve dans la Grande Cour, on oublie toutes les critiques en voyant la magnifique citerne au couvercle de bronze, l'Escalier des Géants, les marbres exquisement travaillés.

Dans la Salle du Grand Conseil où se réunissaient les nobles dont les noms étaient inscrits au Livre d'Or, on voit quelques-unes des plus célèbres peintures du monde, notam-

ment le « Paradis du Tintoret », qui occupe toute la paroi
de l'Est. Puis, au plafond, le « Triomphe de Venise »,
chef-d'œuvre de P. Véronèse : la Gloire couronne la cité,
dont la cour est composée de la Renommée, de la Paix,
de l'Abondance et des Grâces.

Autour de la Salle court une frise enchâssant les
portraits des soixante-seize doges. Toutefois un de ces portraits manque ; une grande tache noire couvre la place
vide, et on lit au-dessous cette inscription : *Hic est locus
Marini Faletri decapitati pro criminibus.*

Puis c'est la Salle des Dix où jadis l'on trouvait ras-
semblés :

La gueule du lion de Saint-Marc qui accusait.

Les Dix qui condamnaient.

Les plombs et les souterrains qui exécutaient.

La gueule, les Dix, les oubliettes, tel était le résumé
de toute la justice de Venise. Elle naissait dans l'ombre de
la gueule, se formait sous l'ombre du masque des Dix, et
se consumait dans l'ombre des souterrains, œuvre de ténè-
bres d'un bout à l'autre, immortalisée par Silvio Pellico
dans le *Mi Prigioni.*

Avec tant de richesses, Venise reste une cité-reine à
qui fut enlevée la domination des mers ; mais les vicissi-
tudes de la politique ne pourront jamais lui ravir son pres-
tige de gloire et de poésie.

CHAPITRE QUATRIEME

PADOUE ET BOLOGNE

———+———

Partis le matin de Venise, nous suivions la belle route qui conduit en droite ligne de Vicence à Padoue. Toujours le même aspect vert et riant des vastes plaines arrosées de multiples canaux. De nombreux villages, des villas blanches et roses s'échelonnent sur le chemin.

Quelques heures plus tard, nous étions dans la cité du grand thaumaturge franciscain si populaire encore de nos jours.

L'aspect de Padoue n'offre, au premier abord, rien qui soit de nature à exciter vivement l'intérêt ou la curiosité. Les arcades de pierre qui encadrent chacune de ses rues anciennes, et à l'abri desquelles le promeneur peut braver le soleil et la pluie, contribuent plutôt au confortable de la vie qu'à la poésie du coup d'œil. L'architecture des maisons est assez uniforme et manque généralement de style ; mais ses édifices religieux méritent d'être remarqués, notamment sa basilique.

Elle offre un mélange de gothique italien, de byzantin et de roman qui forme le plus étrange assemblage sans que l'œil en soit choqué. La façade en briques, épaisse et massive, qui rappelle celle des basiliques romanes, est composée de quatre arcs en ogive espacés de chaque côté d'un portail couronné d'une statue de Saint Antoine. Au-dessus des arcs court une galerie à ogives et à colonnes qui fait songer à certains monuments vénitiens ; elle supporte un haut fronton triangulaire, coupé au centre par une large rosace et au-dessus duquel s'élève, un peu en arrière, une tourelle surmontée d'un pignon pointu. Sur les côtés, au-dessus des bras de la croix, se répète, en plusieurs exemplaires, le même fronton triangulaire. Puis au-dessus, dominant le corps de l'Eglise à une grande élévation, se succèdent les coupoles byzantines, les dômes ronds et les clochers aigus. On compte sept coupoles et deux clochers en briques roses, d'un style mauresque délicat. Elle offre aussi dans ses chapelles des bas-reliefs en bronze de Donatello ; sa chapelle principale étincelle de marbres fins et de statues, au milieu desquels les artistes italiens, Sansovino en tête, ont sculpté l'histoire du bienheureux Antoine, en neuf bas-reliefs, figures de grandeur naturelle. La plus grande richesse de cette église est sans contredit le magnifique autel qui renferme, dans une châsse d'argent, le corps du Saint.

Après quelques heures de chemin de fer à travers les défilés pittoresques des Apennins, nous arrivons à Bologne où l'on a de suite l'impression de la sécheresse, de la dureté, de la grandeur sans apprêts, d'une ville de savants, à voir ses maisons presque partout à portiques hauts donnant à la ville un air assez imposant, mais en même temps assez froid et dur. Bologne n'est pas comme les villes dont je viens de parler, une ville de monuments et de souvenirs, mais bien plutôt un centre universitaire réputé au temps de la Renaissance comme la rivale de Salamanque et d'Oxford. Le Dôme, la cathédrale San Piétro est une assez grande église de style gothique qui déploie sur toute la largeur de la Piazza Vittorio Emmanuele son immense et triste façade de briques inachevée. Dans cette façade, s'ouvrent trois portes dont le dessin et les sculptures sont célèbres à juste titre. La porte centrale est une des plus belles. De puissantes sculptures représentent des sujets bibliques. La même décoration, coupée de bustes de prophètes, s'étend sur toute la portion inférieure de l'église. L'intérieur renferme des peintures, des sculptures intéressantes, mais on les voit mal ; le jour pénètre à peine par les petites fenêtres à plein cintre chargées d'éclairer cette énorme nef flanquée de deux bas-côtés et de douze chapelles.

Bologne est remarquable à d'autres égards encore, ne fût-ce que par le pittoresque de ses rues bordées d'arcades, d'aspect tout italien, tandis que tant d'autres cités italiennes se modernisent fâcheusement, par la Piazza di Porta Ravegnona et ses deux tours penchées d'hauteurs inégales.

CHAPITRE CINQUIEME

DE BOLOGNE A FLORENCE

———+———

Après avoir quitté Bologne, notre train s'engage dans des vallées, côtoie des torrents qui roulent avec bruit les galets amoncelés dans leur lit ; bientôt il pénètre dans le bloc même de la montagne qui semble écarter ses murailles brûlées pour lui livrer passage. De tunnel en tunnel, de ravins en ravins, on gagne la vallée du Reno ; les gorges de la montagne sont moins désolées ; les cascades, dont on aperçoit les tombées d'écume, y entretiennent un peu de verdure, et un long tunnel, long de près de trois kilomètres, vous fait enfin franchir le sommet des Apennins, vous conduit dans la vallée de l'Ombrone, sur cet admirable versant toscan où la végétation se continue riche et belle. Tout y respire la vie et l'aisance. Sous les bosquets épais s'étend un vert gazon que paissent les troupeaux, des jardins plantés d'arbres fruitiers entourent les maisons blanches, forment un nid de verdure aux villages adossés aux coteaux. La route descend toujours, plus verte et plus ombragée, les pentes des collines jusqu'à cette admirable vallée de l'Arno où Florence repose dans un nid de fleurs et de verdure.

Florence est une ville si importante au point de vue de l'histoire et de l'art, elle est si riche en beautés naturelles, en souvenirs glorieux, en monuments insignes et en chefs-d'œuvre, qu'il serait impossible de concentrer en un modeste récit de quelques pages une indication, même sommaire, de tout ce qui est digne d'attirer l'attention de l'étranger.

Ses galeries et ses musées, ses églises et ses palais, si pleins de manifestations de son art gracieux, ne peuvent être appréciés et étudiés qu'en leur consacrant plusieurs semaines ; l'on ne peut connaître à fond la ville, son art et son caractère, qu'après un long séjour et en s'aidant des ouvrages sérieux qui en illustrent tout ce qu'il y a de remarquable.

De même, on ne saurait avoir une idée nette et complète de la beauté réelle de Florence, sans en admirer les jardins luxuriants, les promenades enchanteresses, sans en parcourir les environs merveilleux qui la ceignent comme d'une couronne. La relation de nos impressions a, pour le lecteur, un but plus modeste. Tout en indiquant ce que l'on trouve de plus intéressant sur sa route, on peut encore dans une excursion rapide trouver un moyen pratique de revoir les édifices dans de brèves notices historiques et artistiques.

C'est une habitude pour le voyageur, dès qu'il arrive dans une ville pour lui encore inconnue, de gravir quelque point culminant, soit une tour, soit un mont voisin, d'où il peut se rendre compte de la position géographique, puis, de parcourir en divers sens les rues et les places publiques, pour saisir sur le fait la physionomie locale. Cette reconnaissance préalable dispose convenablement à un examen plus approfondi. En procédant ainsi du simple au composé, de l'ensemble aux détails, on juge plus vite et mieux.

Pénétrons maintenant dans Florence et montons de suite à San Miniato al Monte qui domine cette ville. De là, notre vue embrasse à la fois le Val d'Arno, où la noble cité présente un charme quelque peu sévère, se reposant appuyée sur des coussins de verdure, et se mirant dans les eaux paisibles de son fleuve. Une multitude de charmants casins, sortes de maisons de plaisance, disséminées sur les coteaux, font comme un cortège à Florence la belle. Le tout est entremêlé de jardins où croissent ensemble le mûrier, l'olivier, l'oranger, et mille plantes et fleurs méridionales. Ce Val d'Arno si privilégié est tout imprégné de parfums : aussi Florence avait-elle autrefois dans ses armoiries un lys couché sur des roses.

L'Arno, bordé de quais et de palais somptueux, est coupé par plusieurs ponts. La ville est pavée de larges dalles, ceinte de murs crénelés ; ses portes flanquées de tours ont la couleur sombre du moyen âge. Dans l'encein

te presque ovale surgissent çà et là les campaniles et les dômes des églises, les faîtes élevés des nombreux palais, édifices dont l'architecture mâle impose l'admiration.

Chaque ville d'Italie a son caractère propre qui la distingue des autres, revêtue d'un sceau particulier, chacune est un type. Florence est très spécialement remarquable par son style à elle, à bon droit appelé style toscan, genre d'architecture caractéristique, dont les qualités constitutives sont la solidité, la régularité, l'unité. Les principales constructions et notamment les palais de l'ancienne noblesse appartiennent au temps de la Renaissance, mais, quoique se rattachant au moyen âge, elles ne font que participer du gothique ou tudesque.

Dans l'énumération des principaux palais qui décorent Florence, celui qu'on nomme le Palais vieux tient et doit garder le premier rang.

Le Palazzo Vecchio de l'époque ogivale a le caractère froid et rude des palais florentins : « Bâtisse du moyen âge, écrit Taine, énorme carré de pierre, percé de rares fenêtres en trèfles, muni d'un grand rebord de créneaux surplombants, flanqué d'une haute tour pareille, vraie citadelle domestique, bonne pour le combat et pour la montre, se défendant de près et s'annonçant de loin, bref une armure ferrée surmontée d'un cimier visible. » Le lys florentin, les armoiries des villes de Toscane, les devises « Liberté », Rex regum et Dominus dominantium, tout rappelle ici les luttes et la gloire de Florence.

Ses abords sont admirablement ornés de statues en bronze et en marbre, et donnent à l'ensemble un aspect monumental qu'on ne rencontre nulle part ailleurs. Ces sculptures ne sont pas toutes irréprochables ; mais plusieurs sont des chefs-d'œuvre, et les noms de leurs auteurs appartiennent tous à l'immortalité.

Sur la Piazza Pitti, se dresse la masse immense et imposante du Palais Royal, dont la partie centrale fut construite d'après les dessins de Filippo di Brunellesco, par ordre de Luca Pitti, riche marchand florentin.

La Grande Duchesse Eléonore de Tolède, femme de Cosme, l'acheta en 1549 et il devint, dès l'année suivante, la résidence des Médicis, qui quittèrent le Palazzo della Signoria.

Depuis cette époque jusqu'à la première moitié du siècle passé, le palais fut considérablement agrandi et finit par se présenter sous son aspect actuel, aux formes et au caractère si solennels. Nous ne pouvons entrer dans trop de détails soit au sujet des divers agrandissements, soit au sujet des nombreux et illustres artistes qui prirent part aux travaux durant le cours des siècles. Il suffira de dire que dans ce palais merveilleux les arts de tous les temps y sont splendidement représentés.

Comme les palais, les rues et les places, les églises de Florence ont gardé l'écho des émotions, des joies et des douleurs qui firent battre le cœur de la Vieille Commune.

Dans le nord de l'Italie et jusqu'en Toscane, toute cathédrale est désignée sous le nom parfois assez impropre de Dôme-Duomo. Santa Maria del Fiore est le dôme de Florence, et sa forme peut lui valoir cette appellation qu'elle doit à son nom, à la « Fleur de lys rouge » des armes de Florence.

Cette cathédrale surgit avec son immense masse marmoréenne, et ses décorations extérieures nous offrent les exemples les plus précieux de l'architecture florentine entre le XIIIᵉ et le XVIᵉ siècles. Nous ne pouvons, dans un résumé aussi succinct, en refaire la longue histoire et en décrire toutes les beautés. Nous devons renvoyer les studieux aux nombreux ouvrages qui leur feront connaître en détail les mérites de cet insigne monument.

Il y a peu de temples chrétiens aussi imposants que cette nef gothique, si vaste qu'elle en paraît nue, si grave et si religieuse. La décoration en est très sobre et les statues qu'elle renferme sont incapables de la remplir, de l'animer. Il lui manque en outre une lumière vive, entrant largement, éclairant l'édifice dans toutes ses parties dont quelques-unes restent, au contraire, dans une ombre peu favorable à l'aspect général.

Le Baptistère est ainsi que le Campanile détaché du corps de l'Eglise ; ce sont trois parties distinctes d'un même tout, on trouve en Italie beaucoup d'exemples de cette séparation. Le baptistère forme donc une église à part. On y pénètre par trois portes sculptées en bronze, qui sont des miracles de l'art, et semblent dignes, en effet, de servir d'entrée au paradis, suivant l'expression de Michel-Ange. La plus belle de ces portes, celle qui fait face au Dôme, est l'ouvrage de Lorenzo Ghiberti ; elle tient sans contredit rang parmi les principaux chefs-d'œuvre d'un temps qui fut l'âge d'or de la sculpture.

Ne pouvant signaler toutes les plus belles églises de Florence, il faut cependant encore, avant de monter à Fiesole parler de San Marco et de son cloître du XIIIᵉ siècle aujourd'hui sécularisé et servant de musée. C'est de cet ancien couvent de Dominicains que sortirent Savonarole, saint Antonin, archevêque de Florence, et les artistes Fra Angelico, Fra Bartolommeo. Il possède surtout un grand nombre de fresques de Fra Angelico, « fresques charmantes qui n'ont pas été surpassées jusqu'ici pour la vérité dans l'expression des sentiments extatiques et la grâce innocente. » Il faut voir ces cellules aux tableaux irradiés de lumière, pleins de vie et de coloris où le Beato a mis toute son âme, toute sa foi et aussi toutes ses larmes.

Je disais, il y a un instant, quel beau panorama on avait de la ville, du haut de la colline de San Miniato, de ce beau coteau si véridiquement nommé la promenade de Bello Sguardo et encore de Monte-Oliveto. N'est-ce pas vrai notamment pour Fiesole, cette vieille ville si pittoresquement accrochée à la montagne au nord de Florence ? Jusqu'au plateau où elle dresse ses restes de murailles étrusques démantelées, à moitié ruinées, ce ne sont que maisons de plaisance, enfouies dans les bois d'oliviers et dans les vignes, s'étageant sur les premiers escarpements du monte Cecioli. Et Dieu sait, cependant, si les montées sont rudes ! On se demande parfois où peuvent reposer les assises de ces villas. Un tramway qui sort de Florence par la porte San-Gallo, conduit le long du Mugnone, jusqu'à San-Domenico, un village où s'élève une église et un ancien couvent de Dominicains. La route, inclinant à droite, descendant à un moment pour remonter plus dure encore, forme à cet endroit, une sorte de terrasse, d'où la vue s'étend déjà sur toute la largeur de la vallée de l'Arno. Mais le panorama est plus beau, plus vaste vu de la Badia ou de Fiesole même.

La Basilique contient de merveilleuses sculptures de Mino da Fiesole, et un superbe Saint-Romulus de Luca della Robia. Non loin de là, est l'ancienne église Saint-Alexandre, dont la voûte est supportée par des colonnes de cipolin antique ; et de l'esplanade qui la précède, le regard peut s'étendre à l'infini, des montagnes du Casentino au mont Albano, sur la vallée verte de l'Arno où Florence semble noyée, perdue. Seul, le dôme de Brunelleschi domine toujours, attestant la durée de la Reine des Fleurs.

CHAPITRE SIXIEME

DES BORDS DE LA RIVE OCCIDENTALE DU LAC DE TRASIMÈNE A LA BAIE DE NAPLES

La Campanie. Naples et Pompei

—————+—————

Toujours en marche vers la Ville Eternelle, nous nous engageons maintenant sur la ligne Florence-Rome où, après avoir salué en passant la patrie de Pétrarque et de Guy d'Arezzo, nous pénétrons dans l'Ombrie étrusque que nous traversons rapidement pour gagner Naples, la plus populeuse et la plus animée des villes italiennes.

« Voir Naples et mourir », dit le dicton. En effet, ce merveilleux golfe vous laisse une impression ineffaçable. Il se dessine entre deux pointes extrêmes, le cap Misène et la Punta Campanella. Deux pilastres gigantesque en appuient l'entrée : d'une part, le rocher d'Ischia, de l'autre, celui de Capri. Au fond, trône le Vésuve qui le domine. A ses pieds, les palais blanchis de Naples, avec leurs larges balcons donnant sur la rue font le joyau de cette parure.

A la pointe de l'écueil qui termine le golfe surgit le Castello dell'ovo, lequel doit son nom à sa forme ovale : de là, le regard monte au-dessus des toits, jusqu'au sommet dominant de Capodimonte. Cette échine rocheuse, couverte de maisons et de monuments, partage la ville de Naples en deux parties inégales : à gauche, des pentes rapides, face à la mer, encore peu habitées, mais au pied desquelles s'étendent la Rivièra di Chiaja, la belle avenue-parc de la Villa Nazionale et le quai Caracciolo, quartier préféré des étrangers et des promeneurs jusqu'au Pausilippe ; à droite, une conque immense tendue au-dessus des ports qui, du Pizzofalcone à la dépression du Sebeto s'attache à Capodimonte, en regard du Vésuve. C'est bien la ville de l'antique Parthénope qui vit jadis sa prospérité s'accroître sous la poussée de l'immigration grecque.

Les monuments contemporains de l'occupation grecque et romaine sont peu nombreux à Naples, il faut en chercher la raison dans l'action déprimante du climat. Naples a mérité le surnom « d'oisive ».

On peut mentionner toutefois la cathédrale Saint-Janvier qui n'a d'ancien que ses hautes tours construites par Masuccio Ier. Ses nombreuses colonnes de granit, de marbre africain, de cippolin, proviennent des ruines de deux temples antiques consacrés près de là à Neptune et à Apollon et où s'élève aujourd'hui la basilique Santa Restituta qui fut longtemps la Cathédrale.

On peut encore, dans la Via Lavinaio, qui traverse le Corso Umberto, aller jeter un coup d'œil sur Santa Maria del Carmine, commencée en 1217 par les Carmélitains, agrandie par la suite, en vertu de l'autorisation donnée d'occuper l'emplacement où avait été inhumé Conradin, décapité sur la Piazza Mercato, située devant l'église, par ordre de Charles Ier d'Anjou. Sur le piédestal de son monument deux bas-reliefs retracent ses adieux à sa mère et à son compagnon de supplice, Frédéric d'Autriche. Cette Piazza Mercato, décorée de deux fontaines, était l'emplacement des exécutions. Le sang de Conradin et de Frédéric d'Autriche y avait coulé en 1268. Masaniello, pendant l'insurrection de 1647, y fit décapiter nombre de membres des familles nobles.

Enfin, San Francesco di Paolo, la plus importante des églises, sur la magnifique Piazza del Plebescito, en face du Palais Royal, devant laquelle se dressent les statues en bronze de Ferdinand Ier de Bourbon et de Charles III. Les chevaux sont de Canova. La construction a coûté 1.827.500 lires.

Le Musée de Naples tient un rang honorable parmi les musées d'Europe. Tout ce que les fouilles opérées à Herculanüm et à Pompeï ont découvert de plus précieux y a été accumulé, en dehors des autres œuvres d'art préexistantes.

Pour terminer cette vue à vol d'oiseau sur Naples, disons un mot de ses mœurs. Le peuple dépense son exubérance en gestes et en cris : il vit bien plus dans la rue que dans ses taudis, dont les pires disparaissent lentement sous la pioche des démolisseurs. Sobre, il se contente de peu, de macaroni, de poisson frit ; mais beaucoup d'habitants, pêcheurs adroits, portefaix agiles, ingénieux vendeurs ambulants de denrées de toutes sortes ne méritent plus leur ancienne réputation de paresse insoucieuse. Tous s'entendent, avec un cynisme impudent, à exploiter l'étranger. La plus grande prudence s'impose donc.

Tout bon humaniste n'aurait garde avant de laisser Naples, d'omettre son pèlerinage au Pausilippe au tombeau de Virgile, ruine assez pittoresque, mêlée de verdure et que surmonte un chêne vert dont les racines plongent dans la partie élevée du roc qui l'avoisine. Jadis Pétrarque s'y rendit sous la conduite du roi Robert, il y planta le célèbre laurier, renouvelé par un autre poète du dernier siècle, Casimir Delavigne ; ce fut à l'aspect du même monument que Boccace sentit s'éveiller en lui la passion des lettres et qu'il renonça pour toujours à son négoce.

Pompeï

Ville de silence et de mort

Pompeï, distante de 10 kilomètres de Naples, ne pouvait manquer d'avoir notre visite. Aussi, le 21 mai 1912, vers 15 heures de l'après-midi nous rendions-nous dans cette ville qui, à l'heure actuelle semble renaître de ses cendres. Nous avions tous encore présentes à l'esprit les lettres de Pline à Tacite donnant de ce cataclysme survenu en l'an 79 apr. J.-C., après un premier avertissement en 63, la description la plus fidèle, ainsi que l'ouvrage de Lord Lytton sur les derniers jours de Pompeï pour qu'il fut nécessaire de nous refaire un cours d'histoire, ce qui aurait pu nuire à nos flâneries archéologiques.

Rien d'élevé, rien de majestueux qui saisisse au premier aspect ; Pompeï n'est qu'une chose charmante : un soleil insultant, des rues éclairées et larges, pas de mystère, pas de poésie ; mais une fois que l'on renonce aux chimères de son imagination, on est consolé de ce manque de beauté dans l'impression de l'ensemble. Pompéï devient l'étude la plus amusante et la plus curieuse par les détails. Ce sont les mémoires les plus circonstanciés sur les Romains, c'est la vie antique, la vie matérielle, intérieure, la vie de tous les instants, écrite en pierres, en marbres et en colonnes.

Tandis que les autres villes gréco-romaines ont été détruites par les barbares, Pompéï, qu'ont recouvertes les cendres du Vésuve, a dû à ce linceul protecteur le privilège de rester presque intacte, avec ses maisons, ses rues, ses édifices, ses monuments. Comme tout cela est mélancolique, ainsi éclairé par la lumière crue du soleil italien ! Ces pavés de tuf sonnent creux sous les pas des vivants ; ces pans de murs, ces intérieurs où ne veillent plus les dieux Lares, sont vides et déserts ; nulle trace de verdure, à part les lichens qui s'attachent aux murs.

Mais l'imagination peut évoquer Pompéï aux jours de sa splendeur, lorsque, au temps de Néron, elle était un lieu de villégiature connu et aimé des riches négociants romains. Son climat délicieux et ses établissements de bains attiraient les foules élégantes ; les opulentes villas se multiplièrent dans les environs ; des hommes illustres y fixèrent leur séjour. Claude avait un palais d'été dans le voisinage ; Auguste vint faire visite à Cicéron dans sa magnifique villa.

La présence des gens riches ou cultivés avait fait surgir du sol une quantité de temples, de théâtres, d'hôtelleries avec leur accompagnement nécessaire de boulangeries, de débits de vin, de marchés, de fabriques de poteries. Les élégantes boutiques qui entouraient le Forum étaient des magasins d'orfèvrerie, de bijouterie, de comptoirs de changeurs.

N'ayant nullement la prétention de faire une étude sur Pompéï, contentons-nous en abrégeant de dire qu'à l'heure actuelle, les fouilles continuent, habilement dirigées, exécutées avec les plus grandes précautions par des ouvriers spéciaux. L'administration paraît décidée à laisser désormais à Pompéï même les objets antiques dont la découverte paraît probable, au lieu de les transporter, loin de leur cadre normal, au musée de Naples. Ce sera une heureuse réforme.

CHAPITRE SEPTIEME

ROME

Possis Nihil Urbe Roma viscere majus.
(Horace : *Carmen Sœculare.*)

———— ⊹ ————

Le nom seul de Rome est magique pour le voyageur qui arrive dans son enceinte : être à Rome paraît une sorte d'honneur, un des nobles événements, un des grands souvenirs de notre vie. Cité victorieuse par ses armes, ou dominatrice par sa foi, Rome, pendant plus de vingt siècles, a régné sur l'univers, et l'imagination ne peut concevoir pour elle une dernière et plus haute destinée.

Si Rome est le premier but du voyageur en Italie, Saint-Pierre est la première merveille qu'il recherche et que ses yeux contemplent, car bien que la beauté soit partout dans la Rome pontificale, c'est encore dans la Basilique de Saint-Pierre qu'il faut aller chercher l'impression de la grandeur de la Rome catholique.

Aussi, le pèlerin de la Ville Eternelle, à l'entrée de la place Risticuci, s'arrête, étonné, et admire la grandiose scène de l'immense basilique et du Palais des Papes. La parole est insuffisante pour décrire l'émotion de l'âme et l'étonnement qui la saisit ; on sent le sublime, mais on ne l'exprime pas. En présence du spectacle le plus merveilleux du monde, on reste perplexe pour faire le premier pas et commencer une description qui indique scrupuleusement, quoique sommairement, toutes les richesses, tous les trésors, tous les chefs-d'œuvre d'art et tous les souvenirs historiques que renferme ce temple divin, ce palais du Christ, où tout est grand, sublime, mystérieux.

Saint-Pierre est plus qu'un prodige du génie humain,
plus qu'un miracle de l'architecture et des arts ; c'est la
traduction sensible d'une idée, c'est l'apothéose monumen-
tale du Christianisme, c'est un poème de pierre, un hymne
de marbre chanté à la gloire de Dieu, de l'Eglise et de la
Papauté. Majesté, puissance, gloire, force, beauté, tout est
réuni dans cette arche éternelle du vrai culte. Ce sol est
comme sacré depuis vingt siècles ; toutes les nations, tous
les rois de n'importe quelle religion, sont venus vénérer
cette Basilique qu'entourent deux galeries formant hémicycle, dont les 284 colonnes et les 88 pilastres gigantesques
dessinent à leur tour trois larges galeries courbes inté-
rieures. Au centre, s'élève l'obélisque de granit rouge surmonté de la croix. Les deux majestueuses fontaines qui
s'élèvent de chaque côté de la place complètent dignement
sa décoration, soit qu'on les observe au soleil, dont les
rayons y forment de brillants arcs-en-ciel, ou à la clarté
de la lune, qui ajoute à la blancheur de leur onde écu-
mante dont le perpétuel murmure inspire et nourrit la
rêverie.

Entrons maintenant dans Saint-Pierre.

L'impression causée par la vue de l'intérieur de la
basilique ne répond guère à l'idée que l'on se fait de son
étendue, et elle paraît même moins grande qu'elle ne l'est
en réalité. Cependant cette impression de mécompte s'efface
lorsqu'on est retourné plusieurs fois à Saint-Pierre et que
l'étude des diverses parties vous a convaincu de son immensité. Alors, elle devient comme une véritable cité où l'on se
plaît : sa lumière, quoique trop vive pour être religieuse,
son climat, si on peut le dire, ont de la douceur ; quel-
quefois les purs rayons du soleil couchant éclairent et
pénètrent de leurs feux dorés le fond diaphane du temple,
et viennent frapper quelque brillante mosaïque, copie
impérissable d'un chef-d'œuvre de la peinture.

L'intérieur de Saint-Pierre est plutôt riche, orné, magnifique, que de bon goût, mais le mauvais, l'exagéré, qui
y abonde, ne laisse pas dans son ensemble de contribuer
à l'effet.

Nous voici ensuite auprès de l'autel de la Confession,
luxueux tombeau du plus humble des hommes. Les reliques
du Grand Apôtre reposent dans un ancien sarcophage qui
occupe le centre exact d'un *loculus* en chambre souterraine.

Cette chambre souterraine, ornée par Constantin avec des bronzes de Chypre, est située au-dessous de la dalle de bronze doré encastrée dans le pavé de la niche de la Confession, sous l'autel papal. Autour de l'escalier de marbre, qui conduit à la chapelle située au-dessus du caveau, resplendit une balustrade magnifique : 93 lampes y brûlent continuellement. Au bas des degrés est agenouillé Pie VI dans une attitude sublime de prière ; le docte martyr, aux traits duquel Canova a su donner une touchante expression de recueillement et de ferveur. Dans la partie antérieure, on remarque quatre colonnes d'albâtre précieux, avec les statues de Saint Pierre et de Saint Paul en bronze doré.

On ne peut quitter Saint-Pierre sans monter à la Coupole si l'on veut juger véritablement de l'étendue de la Basilique et admirer complètement Michel-Ange. Cette expédition de la Coupole est un véritable voyage. Une population d'ouvriers, les Sampietrini, toujours occupés des réparations, habite le sommet du temple, qui semble une place publique en l'air. On y accède par un escalier à limaçon de 142 marches par lequel on monte sur les terrasses de la Basilique, à environ 45 mètres de hauteur, et de là à la Coupole. Depuis le 19 mars 1910, un ascenseur conduit jusque sur les terrasses.

Montant ainsi jusqu'aux corniches, on arrive à se rendre compte de la grandiosité des mosaïques et des autres ornements du tambour et de la Coupole elle-même. De là, l'œil a la vraie vision de l'immensité prodigieuse de l'édifice. Le baldaquin, plus haut que le palais du Louvre, ressemble à une cabane de berger et les fidèles qui prient ou se meuvent autour de la Confession ressemblent presque à des fourmis s'agitant sur le pavé dont on distingue nettement le magnifique dessin.

Ensuite, par un escalier assez commode de 87 marches, on arrive à la dernière corniche interne qui est à peu près de 73 mètres de hauteur à partir du pavé de la Basilique et à 20 mètres de la première corniche.

De cette dernière corniche, moyennant un des escaliers pratiqués entre les deux voûtes de la Coupole, on arrive au col de la lanterne et par une des seize fenêtres qui donnent dans la Basilique, on en observe l'intérieur et les mosaïques de la lanterne. Un joli coup d'œil est celui que l'on a en observant graduellement toute l'élévation qu'il y a de la statue de Sainte Hélène jusqu'à la voûte de la lanterne où est représenté le Père Eternel. Du pavé de la Basilique jusqu'à l'œil de la lanterne, il y a 130ᵐ30 ; et du même pavé à la mosaïque du Père Eternel, 120ᵐ825. La lanterne a donc une hauteur intérieure de 17ᵐ55. Elle peut être considérée comme une petite coupole superposée à la grande et terminée par une pointe pyramidale sur laquelle repose la boule et sur celle-ci la croix. Cette fameuse boule de bronze peut contenir jusqu'à seize personnes assises ; on y jouit du plus magnifique aspect de la ville.

Le Vatican

Le Vatican, le plus vaste palais du monde, lient à Saint-Pierre comme le Louvre aux Tuileries, par une colonnade ; c'est celle de droite de la place ovale. Dans le fond se trouve une porte, et on la croirait celle d'une sacristie, si elle n'était gardée par des hallebardiers suisses. Cette porte s'ouvre sur un magnifique et sombre escalier, nommé Scala Regia.

Formé de constructions successives, le Vatican manque évidemment d'uniformité dans le style et d'unité dans le plan. On y compte 22 cours et, dit-on, un millier de chambres, non compris les chapelles, les salles, les musées, la bibliothèque, avec huit escaliers principaux et cent deux escaliers secondaires. Les jardins du Vatican sont d'une immense étendue. On y voit une partie de la muraille dite léonine, un observatoire, un fac-similé de la grotte de Lourdes, des parterres, ombrages et plantations de style classique, des fontaines. Nous ne pouvons entrer dans le détail de l'histoire du Vatican, ni des agrandissements qu'y apportèrent les Papes successivement : on sait, en particulier, tout ce que Jules II et Léon X ont fait pour enrichir et embellir le célèbre palais.

La galerie de sculpture est sans rivale au monde pour la statuaire antique.

Et que dire des galeries de peintures, italiennes et flamandes, sans parler des fresques. Les musées d'archéologie sont également célèbres, en particulier le musée étrusque, riche en joaillerie, peinture, sculpture, tombeaux datant de l'époque où prospéra cette mystérieuse nation. Ajoutons-y les vases grecs trouvés dans les tombeaux étrusques, et qui sont les plus remarquables spécimens de l'art hellénique, car les Etrusques, comme les Egyptiens, se plaisaient à entourer leurs morts de toute espèce d'objets domestiques.

Hommes de goût plutôt que véritables créateurs, ils avaient en haute estime les vases grecs qu'ils préféraient aux leurs. Le Musée égyptien, le musée des Antiquités chrétiennes, la Bibliothèque, la célèbre Vaticane, créée par Nicolas V (1447-1455), enrichie de 3.000 manuscrits enlevés en 1623 à la Bibliothèque de Heïdelberg et à la Basilique de Saint-Pierre : tous ces noms allongent, sans réussir à la rendre complète, la trop sommaire énumération des trésors d'art et d'érudition que renferme le Palais des Papes, tout un monde.

Les autres Basiliques Majeures mériteraient de retenir aussi quelques instants notre attention ; mais des pages n'y suffiraient pas et nous n'avons nullement l'intention de faire une œuvre de longue haleine.

La Rome antique

Dans Rome, tout ramène à l'antiquité. Nulle part on ne trouve un aussi magnifique déploiement de monuments, de portiques, de tours, de colonnes, dus aux Anciens. Les surfaces architecturales couvertes de bas-reliefs depuis le sol jusqu'au sommet des édifices ; les arcs de triomphe, les temples, les maisons seigneuriales qui s'étendent sur et sous terre, les aqueducs qui semblent l'ouvrage des géants, non des hommes, mille souvenirs reportent à des siècles où un César était regardé par toute la terre comme un dieu terrible ou clément. Les ruines exhumées du Forum d'une part, le Colisée d'autre part, avec le Palatin et les Thermes de Caracalla en sont les plus admirables témoignages et constituent ce qu'on appelle « La Promenade archéologique. »

Le Forum

Rome a possédé six forums, se continuant depuis la Via Nazionale actuelle, aux environs de la place de Venise, jusqu'au Colisée. Ces extensions successives du forum romain primitif ont été le résultat de l'encombrement. Place publique à l'origine et simple lieu de réunion, le forum se couvrit à bref délai de temples, principalement votifs, et de basiliques ou tribunaux. De là, cette nécessité de la prolonger au dehors, dès qu'une nouvelle occasion se présenta de construire des édifices sacrés ou de fournir à la magistrature des enceintes supplémentaires où pût se rendre la justice. Si nous voulons embrasser d'un même point de vue, l· plus vaste et le plus plein horizon de l'histoire qui soit au monde, il faut monter au Capitole, la plus petite des sept collines, mais qui cependant est tout de même le point culminant de la grandeur romaine. Passons rapidement à travers les souvenirs qui abondent tout autour. Donnons, en montant le grand escalier, aux loups captifs de la légende, un regard. Arrivés sur la place qui domine le rocher, arrêtons-nous un instant devant le Marc-Aurèle équestre en bronze doré. Laissons à droite et à gauche les musées. Tournons par la droite le Palais sénatorial, où Cola di Rienzi, au XIVᵉ siècle, tenta son coup d'Etat républicain. Nous voici ainsi parvenus au bas de la Via di Campidoglio, sur une terrasse bordée d'un banc de pierre, d'où l'œil embrasse d'une seule vue le Forum tout entier avec ses trop rares débris : l'arc de Titus et la masse du Colisée, un peu plus loin, à droite, sur le Palatin, les restes catholiques du palais des Césars.

Jadis, dans ces lieux aujourd'hui abandonnés s'élevaient des colonnes, des voûtes revêtues de marbre et de bronze doré maintenant noircies, des basiliques aux magnifiques colonnades ; le mouvement des affaires commerciales et judiciaires y était continu et les échos de la vie et du bruit venaient animer ce vallon redoutable et glorieux. C'est dans la lumière de ce Forum qu'on voit Rome s'expliquer et se dérouler elle-même. C'est là qu'on voit écrits, en lettres immortelles, les grands traits du caractère romain, qui ont fait l'étonnante fortune de ce peuple.

Le Forum tel qu'il est encore dit assez haut l'importance du sentiment religieux dans l'histoire de Rome. Sans doute, le célèbre temple de Jupiter Capitolin n'est plus qu'un souvenir, mais voici au pied même du Capitole, devant l'ancien *tabularium*, ce qui fut le portique des *douze dieux*, voici encore le *temple de Saturne* et le temple de la *Concorde*... Ces trois magnifiques colonnes qui s'élèvent au-delà de l'emplacement de la basilique Julia, c'est ce qui reste du temple de Castor et Pollux, élevé en souvenir de la victoire du lac Régille. Un peu plus loin, un bloc de maçonnerie indique la place du temple de Vesta, où veillait perpétuellement avec le feu sacré la promesse d'une Rome éternelle. Puis ce sont « les temples de Vespasien et Titus », « d'Antonin et de Faustine », élevés à l'imitation du temple de César, par la flatterie d'un peuple dégénéré, qui substituait le culte des grands hommes à celui de Rome elle-même.

C'était un temple aussi que la Curie, où le Palais du Sénat, temple de la vie politique où tout était subordonné à la gloire de Rome et à la majesté du nom romain. La place même en a été effacée. L'Eglise Saint-Adrien l'a prise. La gloire militaire des Romains ne brille pas moins au Forum que leur grandeur politique. Venez donc en ce lieu et admirez ces arcs de Titus, de Septime Sévère et de Constantin, voici la « Via Sacra » par où passaient pour aller au Capitole les vainqueurs du monde : les Scipion, les Paul Emile, les César, les Pompée.

Enfin, c'est la prison Mamertime où attend pour une mort affreuse la troupe des prisonniers barbares, qui viendront bientôt s'entr'égorger dans le cirque pour le plaisir des vainqueurs.

Et maintenant le Forum romain est réduit au silence des ruines sous la dénomination du Campo Vaccino. Retour inattendu des choses !

Le Colisée

Sortons du Forum et échappons-nous au travers du Colisée pour voir, dans un cadre de grandeur matérielle, digne de sa chute, l'agonie morale de la Rome antique.

Tout le monde connaît le Colisée, ne fût-ce que pour avoir lu les romans historiques du cardinal Wiseman ou de Sinkiewiz, *Fabiola* et *Quo vadis ?* Dans cet égorgeoir où nous nous trouvions, il nous semblait voir encore le sang couler en abondance : jeunes gens, vierges craintives, hommes, femmes ou vieillards y furent exposés aux lions, aux tigres, aux ours et aux panthères pour avoir refusé de sacrifier aux idoles. Là périrent, dans la sublime beauté du martyre, Ignace d'Antioche, Eustache, Martine, Prisque et tant d'autres dont l'histoire ne connaît pas les noms.

Cet amphithéâtre des Flaviens est un symbole qui restera pour l'instruction des peuples. Les barbares ont passé auprès du Colisée sans l'abattre. Les chrétiens y avaient planté la croix. Aussi devenons-nous regretter de ne plus l'y voir. Sous prétexte de laïciser ce sol sacré, d'autres barbares l'ont abattue.

De ce monument, il ne reste qu'une ruine grandiose dont l'énormité impressionne. Certaines parties en ont été restaurées, mais au XIe siècle, il fut exploité à l'instar d'une carrière par les entrepreneurs ; Pie IX dut faire étayer la masse par une haute muraille de briques pour en empêcher l'écroulement. A l'heure actuelle, il semble une ruine bien peignée et ratissée dans l'attente d'une visite. Onéreux honneur, où beaucoup de ruines italiennes ont perdu leur charme d'abandon et de pittoresque.

Les Thermes de Caracalla

Les thermes de Caracalla produisent, bien que ruinés, une impression profonde. Ils forment une des plus imposantes masses de ruines qu'on rencontre à Rome. Ils couvrent une vaste surface et sont d'énormes dimensions. Jadis, les briques qui forment le corps de la maçonnerie étaient revêtues de marbres précieux. Les vastes salles et vestibules encore debout gardent les traces des superbes mosaïques de porphyre, de serpentine, de marbre jaune d'Afrique, qui autrefois pavaient le sol comme le font aujourd'hui les mosaïques de Saint-Marc à Venise. Ces ·bains étaient ouverts au public ; aussi renfermaient-ils 1.600 places pour les amateurs. Outre les piscines d'eau chaude et d'eau froide et autres installations analogues, on y trouvait une bibliothèque, des manèges et un stade, car l'édifice était un monument consacré aux plaisirs de la multitude.

La Rome souterraine

La voie Appienne et les Catacombes

Un chaud soleil dorait les dalles de basalte ;
Et dans cette campagne au grand sourire clair,
Ces monuments pieux et sereins n'avaient l'air
Que d'inviter la vie à quelque heureuse halte.
(Sully Prudhomme : *La Voie Appienne.*)

Suivant l'expression de Sully Prudhomme, « un chaud soleil dorait les dalles de basalte » que déjà nous étions sur la Via Appia à l'intersection de la Porte Capène et de la Via Porta San Sebastiano. Sur notre gauche, nous vîmes la petite chapelle du *Domine, quo vadis*, élevée à la bifurcation de la Voie Appienne et de la Voie Ardéatine, qui marque l'endroit où Saint Pierre, fuyant la persécution déchaînée à Rome, rencontra Notre-Seigneur. L'apôtre reconnaît Jésus : *Domine, quo vadis ?* Maître, où allez-vous (» Et Jésus de lui répondre : « *Je viens me faire crucifier de nouveau !...* » L'apôtre comprit la leçon et rentra dans la ville.

La Voie Appienne, la reine des routes, monte, en offrant un joli coup d'œil en arrière sur le mur d'Aurélien et la porte Saint-Sébastien. Elle passe pendant environ dix minutes entre des murs.

A vingt-cinq minutes de la porte, on arrive à droite, à l'entrée des Catacombes de Saint Calixte, reconnaissable à quelques cyprès et à une inscription.

Les Catacombes de San Callisto

De toutes ces régions souterraines, celle des Catacombes de Saint-Calliste, ainsi appelées du nom du Pape qui, au III° siècle, y fit opérer d'importants travaux, est, sans contredit, la plus remarquable.

Les Catacombes de Saint-Calliste, tombées, comme les autres, dans un oubli de plusieurs siècles, en ont été tirées après de laborieuses et patientes études, accompagnées d'intelligentes fouilles effectuées à la colline sise entre la célèbre Voie Appienne, la voie Ardéatine, qui se détache de celle-ci, et le chemin dit Via delle Sette Chiese qui les joint l'une à l'autre. Site admirable, le plateau couronnant cette colline et sur lequel se trouve l'entrée actuelle des souterrains qu'elle cachait, nous offre, à l'orient déclinant au midi, une ligne de monts bleuâtres et de verdoyants coteaux ; et si nos regards se retournent à l'opposé, à leur droite se dessine le magnifique profil de la Ville Eternelle, et à leur gauche et par-delà l'horizon, s'étend la plaine romaine, avec ses grandes perspectives et ses souvenirs accumulés. Majestueux est le cadre : le spectacle du tableau, à l'intérieur, ne nous impressionnait pas moins. Descendus dans les flancs de la colline, nous voyons devant nous s'ouvrir de longues galeries creusées en étages les unes sur les autres, bordées de tombes entaillées et alignées en rangs superposés, des deux côtés, dans les parois ; nous pouvons parcourir ces galeries sur un développement, aujourd'hui accessible, de dix-sept kilomètres, dont notre pensée suit et calcule les ramifications et prolongements non encore explorés : rues innombrables d'une ville silencieuse, provoquant un saisissement respectueux, où tant de fidèles vinrent fixer leur demeure dernière et dormir leur suprême sommeil.

Des parties plus spacieuses, chambres ou cryptes retiennent nos pas et notre croissante attention. Là, comme partout en ces lieux, le temps et la main des hommes souvent plus meurtrière, ont causé bien des ruines ; mais ce qui reste est considérable, et les moindres fragments ont leur éloquence. Peintures, inscriptions, détruites ou effacées en maints endroits, sculptures et marbres brisés, parlent encore à l'esprit et à l'âme, au savant archéologue comme au pieux pèlerin.

Une description détaillée n'a point sa place ici. Je renvoie le lecteur aux savantes et magistrales études de Monsieur de Rossi et de Dom Guéranger, sans oublier le Commandeur Orazio Marucchi. Toutefois, parmi les parties signalées comme ayant ralenti notre marche et captivé notre attention émue, citons en nous bornant : les Chambres dites des Sacrements, où, sur les murs, des images symboliques présentent les actes et les mystères toujours crus et pratiqués par l'Eglise catholique ; la Crypte des Papes. rappelant à la vénération les généreux Pontifes qui y reçurent la sépulture, successeurs de Saint Pierre dans l'autorité et dans le martyre ; la Crypte de Sainte Cécile, où l'on s'incline avec attendrissement devant la tombe de cette Vierge illustre, martyre héroïque, dont la mémoire est restée gravée au cœur des peuples, et dont la gloire, si pure, ajouta un éclat incomparable aux gloires de ses aïeux !

Avant de quitter ces lieux saints et vénérables entre tous, je dois remercier ici dans ces pages les admirables disciples de Saint Bernard, ces gardiens si accueillants pour les pieux pèlerins et si inlassables dans leur charité. Les Trappistes sont là, demeurant au-dessus de ces demeures sépulcrales, où ils font descendre la prière et offrent le sacrifice sublime, à la même place où, jadis, on pria et fut offert le même sacrifice près des victimes qui venaient de tomber sous le tranchant du glaive ou la dent des lions, en face des victimes nouvelles que réclamerait, à l'heure prochaine, la persécution inassouvie. Martyrs de la veille, martyrs du lendemain, répondant maintenant, des hauteurs célestes, par des chants de triomphe, aux pieux accents qui s'élèvent de ces profondeurs !

CHAPITRE HUITIEME

DANS LA VALLÉE DE L'OMBRIE

Un Pèlerinage à Assise

Fertile costa d'alto monte pende.
Dante - *Parad.* XI. 45.

———+———

Le Dante, exact comme Homère dans ses descriptions,
a peint pittoresquement la situation d'Assise : un coteau
fertile pend d'un mont élevé. Et, en effet, cette ville remplie
des souvenirs de Saint François s'étend au flanc d'un des
contreforts de Subasio, sous la Rocca guerrière qui la
domine, entre le couvent de Saint-François et le couvent
de Sainte-Claire, gardiens des deux extrémités de la ville.

Habitués depuis quelques semaines déjà à l'inconfort
physique du voyage, nous montions donc à travers la vaste
et panoramique vallée Ombrienne, savourant sous un ciel
assez doux les lignes molles de ce paysage, véritable cité
de la Vie Spirituelle. La neige brillait sur les Apennins au
loin. C'était une soirée lumineuse, un vrai temps de pèlerinage.

Nous gagnions sous cette impression de la beauté du
jour le grand couvent, là-haut, où nous voulions voir les
fresques célèbres de Giotto. Il dresse toujours sur son
énorme base de maçonnerie ses deux églises superposées,
mais il n'appartient plus à l'Ordre du Saint, en sorte que,
malgré leurs admirables peintures, les chapelles donnent
une sensation invincible de ruine et d'abandon.

Dans les voûtes, le peintre, ami de Dante, a glorifié les
vœux de l'Ordre des Franciscains : la Pauvreté, la Chas-

teté, l'Obéissance. Le Saint-lui-même, figuré dans sa gloire et entouré de séraphins, apparaît, porté vers Dieu sur un trône, et enveloppé dans un froc de splendeur, avec la Croix et le Livre entre ses mains stigmatisées, et il lève au ciel des yeux d'icône byzantine agrandis par l'extase.

Devant cette vaste nef, aujourd'hui déserte, les constructions sont demeurées exactement les mêmes, mais les églises vont se délabrant, le Dôme s'écroulant ; les pèlerins ont été remplacés par des mendiants qui attendent les voyageurs, et, de ces voyageurs eux-mêmes, combien savent ce que fut vraiment le héros d'amour divin qui naquit et mourut sur cette colline.

Montant ensuite à Santa-Chiara, on aperçoit sur la droite la Chiesa Nuova, la maison paternelle de Saint François, aujourd'hui église nouvelle. On y montre la salle où le Saint fut retenu prisonnier par son père. L'Eglise de Sainte-Claire, située au-dessous du Jardin public d'où la vue porte très loin, possède le tombeau de Sainte Claire, disciple de Saint François et Fondatrice des Pauvres Dames Clarisses. Les contreforts de l'église au style gothique sont très curieux. Dans le transept droit, on peut admirer près de la croisée, quelques fresques de Giotto, qui peignit toute l'Eglise, et qui ont échappé à la barbarie du badigeonneur.

CHAPITRE NEUVIEME

DANS LA MARCHE D'ANCONE

Lorrette

—— + ——

Longeant toujours les collines et les belles eaux bleues de l'Adriatique, nous arrivons à Ancône, dont les maisons s'étagent sur une pente douce, formant une pointe avancée, et s'étendant jusqu'au bord de la mer.

Vingt-quatre kilomètres plus loin, et nous sommes à Lorrette qu'ont à l'envi décorée et enrichie la dévotion.

Lorrette est assise sur une haute colline et se compose presque d'une seule rue allant de Porta Romana à la Basilique. Lorrette n'existe que pour et par la Santa Casa ou Maison de la Sainte-Vierge, qui attire cinq ou six cent mille pèlerins, chaque année, dans la petite cité.

La vaste église de la Santa Casa commencée au xvᵉ siècle sous Paul III, par Marino Cedrino, de Venise, et continuée par l'architecte florentin Guiliano da Marino, puis par Guiliano da Sangallo, son compatriote, ne date que de la fin du xviᵉ siècle, sous Sixte-Quint, dont la statue se dresse devant l'édifice aux belles portes en bronze, ornées toutes trois de bas-reliefs relatifs à l'Histoire Sainte, par l'école de Girolamo Lombardo. Quatre statues de bronze dans des niches représentent la Justice, la Charité, la Religion et la Paix. L'allure générale de la construction, l'absence d'ouvertures des bas-côtés font ressembler un peu l'Eglise à une forteresse.

En briques, d'une simplicité extrême de construction, la Santa Casa a 8ᵐ80 de long, 3ᵐ90 de large, 4ᵐ20 de haut. On y vénère, au-dessus de l'autel, une statue miraculeuse en cèdre, de la Sainte Vierge avec l'Enfant Jésus, attribuée à Saint Luc et luxueusement ornée.

Extérieurement, la Santa Casa a reçu un magnifique revêtement de marbre de Carrare aux riches bas-reliefs dessinés par Bramante, exécutés par Andrea Sansovino. La Salle ou Chapelle du Trésor, extrêmement riche jadis (plusieurs millions d'écus romains) a été dispersée, pillée par les envahisseurs ou mise à contribution pour les besoins extrêmes de l'Etat. Elle ne contient guère que les dons recueillis depuis 1802.

CHAPITRE DIXIEME

GÊNES

———•———

Notre voyage touche bientôt à sa fin. Nous sommes maintenant à Gênes.

L'aspect de Gênes avec son port, ses palais, ses terrasses, ses balcons de marbre blanc plantés d'orangers, véritables jardins suspendus, les remparts qui couronnent son vaste amphithéâtre, est vraiment superbe. Cette ville, une des plus belles du monde, n'a que trois rues. C'est bien la *reale*, la *nobil citta*, chantée poétiquement par le Tasse, satiriquement par Alfiéri, et que Madame de Staël disait bâtie pour un congrès de rois.

Le Palais ducal, le plus vaste de Gênes, l'ancienne résidence des Doges, aujourd'hui occupé par le Sénat de la Ville et diverses administrations, est d'une disposition grandiose, et son habile reconstruction, en 1778, montre le talent de l'architecte gênois, Simone Cantone, auquel il avait été prescrit, par excès de précaution contre un nouvel incendie, de ne point employer de bois.

L'Eglise Saint-Laurent, une des plus belles cathédrales d'Italie, fut judicieusement restaurée par Galéas Alessi, auquel on doit la reconstruction du chœur, l'hémicycle et la coupole. Les fresques de la voûte du chœur, et particulièrement le Martyre du Saint, passent pour le meilleur ouvrage public de Tavarone.

———+———

Du Saint-Gothard au Lac des Quatre-Cantons
par le lac de Lugano

Comme toutes les choses, les voyages ont leur destin.
Il faut maintenant songer au retour. Mais fortement
impressionnés au départ au sortir du Simplon, nous ne le
sommes pas moins au retour, au sortir du Saint-Gothard.
N'est-ce pas aussi une voie merveilleuse à suivre que celle
du Saint-Gothard, dont la construction a occupé des années
d'un travail non interrompu et coûté près de 240 millions
fournis par l'Italie, la Suisse et l'Allemagne ? On a accumulé sur les quelques lieues qui forment la traversée pro-
prement dite du Saint-Gothard, les œuvres d'art les plus
hardies. Il a fallu percer la montagne à maintes reprises,
établir 56 tunnels successifs dont quelques-uns sont tour-
nants, élever 32 ponts, 10 viaducs, contraindre enfin par la
mine et le pic la nature à se laisser violer dans ses passes
les plus difficiles. Le plus long tunnel de ce parcours grandiose, celui qui porte le nom de tunnel de Saint-Gothard,
et qui se trouve entre Goschenen et Airolo situé à
1.154 mètres d'altitude est celui que nous suivons. Il a près
de 15 kilomètres de longueur, 8 mètres de largeur. On met
25 minutes à le parcourir, mais c'est à peine si on s'aperçoit
de la durée du trajet, tant on est encore dans l'admiration
du chemin parcouru.

La descente commence et s'effectue rapidement à
travers les gorges pittoresques du Val Leventina. On
franchit le Tessin, la vallée s'élargit, les villages s'étagent
sur les terrasses formées par les divers plans du terrain,
de nouveau on traverse les tunnels, on entre dans la gorge
de Prato, le site le plus grandiose ; puis ce sont encore des
tunnels qui vous laissent à peine voir la magnifique contrée,
d'une végétation si riche, que l'on parcourt à partir de
Faido. La pente s'accentue ; il faut traverser quatre tunnels,
franchir deux viaducs pour atteindre le fond de la vallée
près de Giornico. Puis la voie ferrée continue par Badio,
Biasca et Bellizona, le chef-lieu de canton du Tessin, si
pittoresquement dominé par ses trois vieux châteaux qui

appartenaient jadis chacun à un canton, celui d'Uri, celui de Schwitz et celui d'Unterwalden.

Nous prenons ensuite la ligne qui se dirige vers Lugano, en côtoyant les bords d'un lac, où à quelques kilomètres plus loin nous rencontrons la frontière italienne à Chiasso. Ce lac de Lugano si beau et si divers est presque entièrement suisse. Il présente, dans ses proportions plus restreintes, les mêmes caractères, les mêmes oppositions de climat que ses deux voisins italiens : le lac Majeur et le lac de Côme.

Et nous arrivons ainsi à Fluelen où nous nous embarquons sur l'*Uri*, pour côtoyer pendant quelques heures l'incomparable lac des Quatre-Cantons dont j'ai parlé précédemment dans un article (1).

(1) *Abeille Cauchoise*, 12 juin 1912.

Briesve Oraison du Croniqueur

———— >*< ————

Et pour terminer par la *briesve oraison du croniqueur au vespre de celle fin du jour*, je dois prévenir mes chers compagnons de voyage qu'au cours de cette narration attendue par eux, je n'ai pas craint, eu égard aux nombreux travaux consacrés à ce merveilleux pays, d'emprunter aux uns et aux autres quelque chose de leur idée maîtresse, de la combiner, afin de voyager à nouveau avec eux, en touriste, désireux de connaître l'Italie, et de transcrire enfin dans nos notes ce qui nous a paru le plus digne d'admiration.

Yvetot, 21 Novembre 1912.

TABLE DES MATIÈRES

www.ingramcontent.com/pod-product-compliance
Lightning Source LLC
LaVergne TN
LVHW022035080426

835513LV00009B/1060